001

002

003

004

005

006

007

008

009

010

011

012

1

WEST BEND LIBRARY

013

014

015

016

017

018

019

020

021

022

023

024

025

026

027

028

029

030

031

EX LIBRIS

032

033

034

035

036

037

038

039

040

041

042

043

044

045

046

047

048

049

050

051

052

053

054

055

FOWLER'S CORK & WOOD PENHOLDER PAT'D FEB. 21. 88.

Mrs. J.H. Ewing's Tales

056

057

058

059

060

061

062

063

064

065

066

067

068

069

070

071

072

073

074

075

076

077

078

079

080

081

082

083

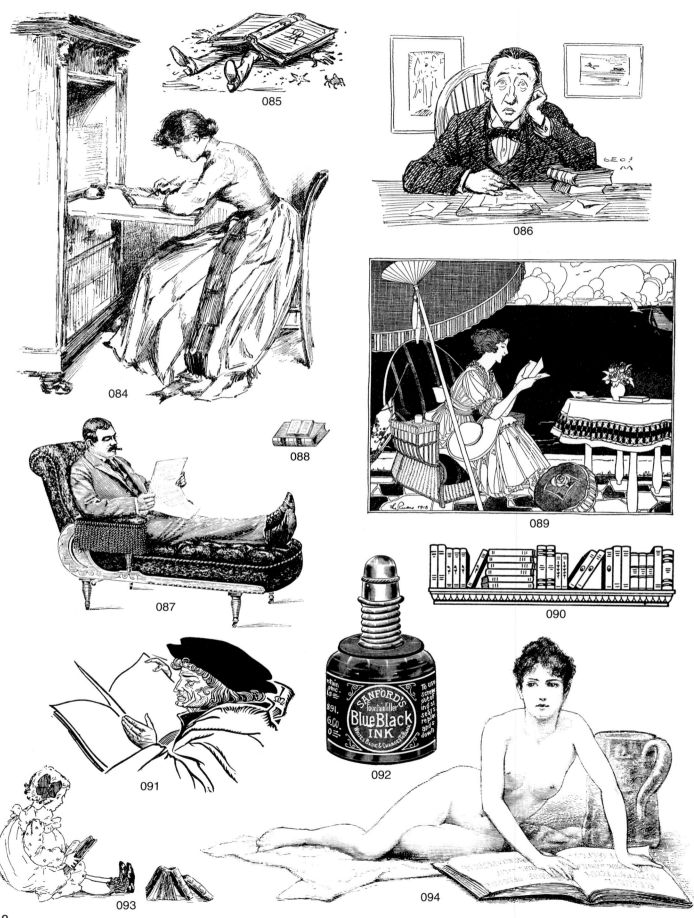

084

085

086

087

088

089

090

091

092

093

094

095

096

097

098

099

100

101

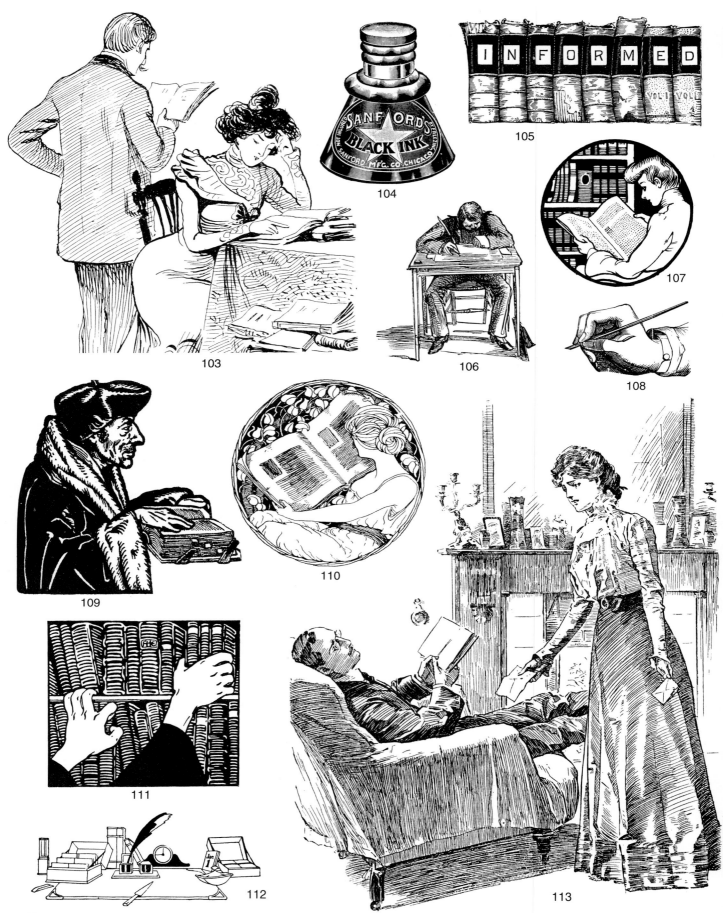

104

105

103

106

107

108

109

110

111

112

113

114

115

116

117

118

119

120

121

122

123

124

125

126

127

128

129

130

131

132

133

134

135

136

137

138

139

140

141

142

143

144

145

146

Who would sell the passer-
by - First must plan to catch
the eye

147

148

149

150

151

152

153

154

155

156

157

158

159

160

TOWER'S ANTI-CRAMP PENHOLDER PAT'D. FEB. 21. 88.

161

162

163

164

165

166

167

168

169

15

Voltaire

William Shakespeare

170

171

Edgar Allan Poe
172

William Makepeace Thackeray
174

François Rabelais
175

Ben Jonson
173

Erasmus
176

Charlotte Brontë

Alexandre Dumas
178

177

Alfred, Lord Tennyson

179

Walt Whitman
180

Miguel de Cervantes
181

Anthony Trollope   182

William Wordsworth
184

George Gordon, Lord Byron
185

Robert Burns
183

Charles Dickens
186

Henry Wadsworth Longfellow
187

Johannes Gutenberg
188

Percy Bysshe Shelley
189

EX·LIBRIS

190

191

192

193

194

195

196

197

198

199

200

201

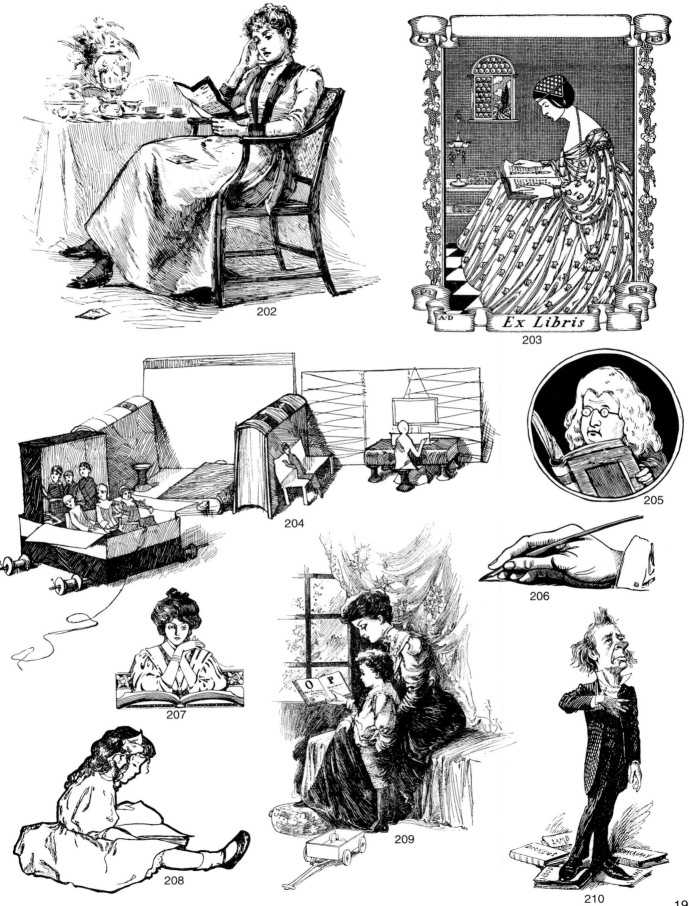

202

203

Ex Libris

204

205

206

207

208

209

210

BOOKS AND
FOR

READING
YOUNG FOLK

LIBRARY.

EX-LIBRIS

211
212
213
214
215
216
217
218
219
220
221

222

223

224

225

226

227

228

229

230

231

232

233

234

235

236

237

Books.

238

239

240

241

242

243

244

BOOK NOTES.

245

246

247

EX LIBRIS

248

249

250

251

252

H. M°VICKAR
1890.

253

254

255

256

257

258

259

260

261

262

263

264

265

266

267

268

269

270

271

272

273

274

275

276

277

BOOKS AND READING

FOR YOUNG FOLK

278

279

280

281

HALEY'S
BRILLIANT
CARMINE INK

282

283

284

285

286

287

288

289

290

291

292

293

294

295

296

TOWER'S PATENT ANTI-NERVOUS HOLDER

297

298

299

300

301

302

303

304

305

306

307

308

309

310

311

312

313

314

315

316

317

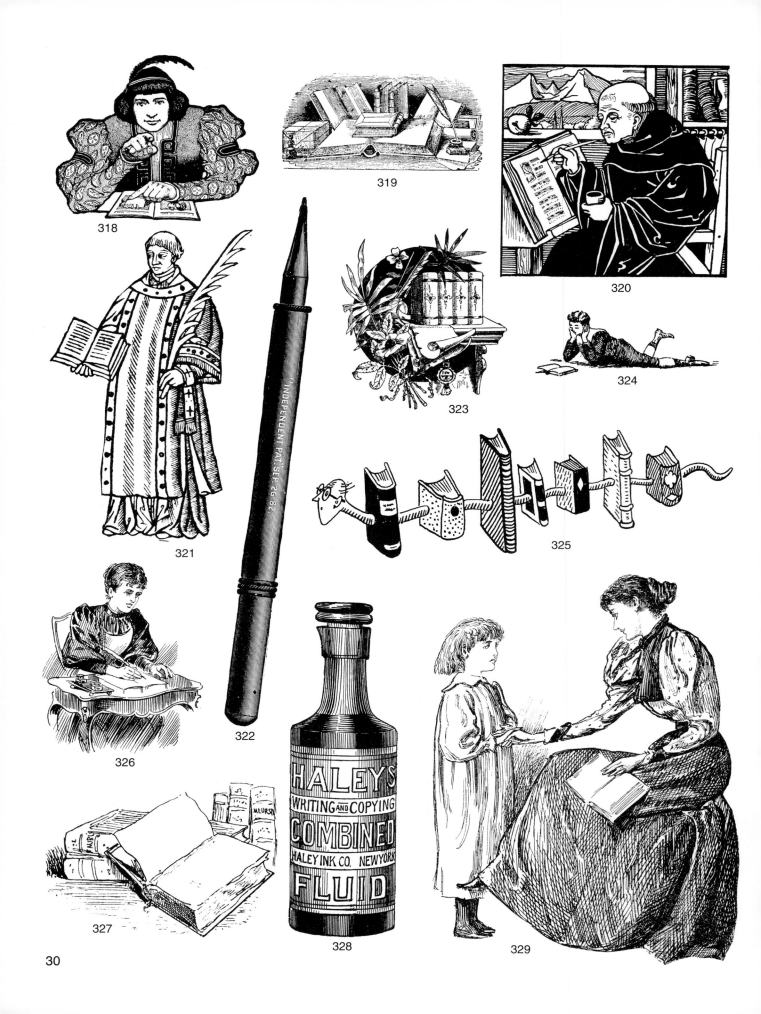

318

319

320

321

322

323

324

325

326

327

HALEYS
WRITING AND COPYING
COMBINED
HALEY INK CO. NEW YORK
FLUID

328

329

330

331

332

333

334

335

336

337

338

339

340

342

341

343

344

345

346

347